skole - school	2
reise - reis	5
transport - transport	8
by - stad	10
landskap - landschap	14
restaurant - restaurant	17
matbutikk - supermarkt	20
drikkevarer - drankjes	22
mat - eten	23
bondegård - boerderij	27
hus - huis	31
stue - woonkamer	33
kjøkken - keuken	35
bad - badkamer	38
barnerom - kinderkamer	42
klær - kleding	44
kontor - kantoor	49
økonomi - economie	51
yrker - beroepen	53
verktøy - werktuigen	56
musikkinstrument - muziekinstrumenten	57
dyrehage - zoo	59
sport - sporten	62
aktiviteter - activiteiten	63
familie - familie	67
kropp - lichaam	68
sykehus - ziekenhuis	72
nødsituasjon - noodgeval	76
jorden - aarde	77
klokke - klok	79
uke - week	80
år - jaar	81
former - vormen	83
farger - kleuren	84
motsetninger - tegengestelden	85
tall - cijfers	88
språk - Talen	90
hvem / hva / hvordan - wie / wat / hoe	91
hvor - waar	92

Impressum
Verlag: BABADADA GmbH, Nedderfeld 112 , 22529 Hamburg
Geschäftsführer / Verlagsleitung: Harald Hof
Druck: Books on Demand GmbH, In de Tarpen 42, 22848 Norderstedt

Imprint
Publisher: BABADADA GmbH, Nedderfeld 112 , 22529 Hamburg, Germany
Managing Director / Publishing direction: Harald Hof
Print: Books on Demand GmbH, In de Tarpen 42, 22848 Norderstedt

skole
school

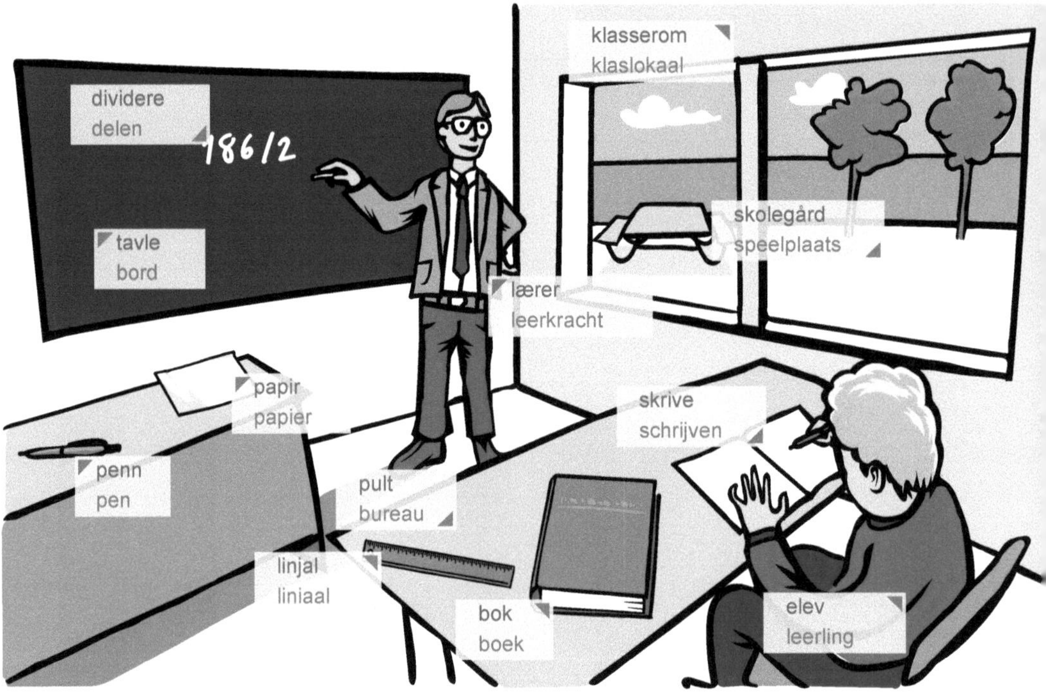

klasserom
klaslokaal
dividere
delen
186/2
tavle
bord
skolegård
speelplaats
lærer
leerkracht
papir
papier
skrive
schrijven
penn
pen
pult
bureau
linjal
liniaal
bok
boek
elev
leerling

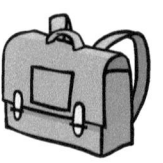

ransel
schooltas

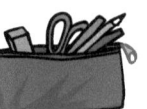

penal
pennenzak

blyant
potlood

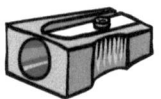

blyantspisser
puntenslijper

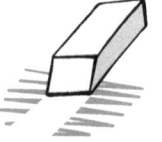

viskelær
gom

tegneblokk
tekenblok

tegning

tekening

pensel

verfborstel

malerskrin

verfdoos

saks

schaar

lim

lijm

arbeidsbok

werkboek

lekse

huiswerk

12

tall

nummer

2+2

addere

optellen

5-2

subtrahere

aftrekken

2×2

multiplisere

vermenigvuldigen

regne

rekenen

A

bokstav

letter

ABCDEFG
HIJKLMN
OPQRSTU
VWXYZ

alfabet

alfabet

hello

ord

woord

tekst

tekst

lese

Lezen

kritt

krijt

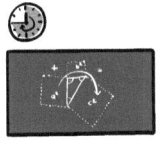

skoletime

les

klassebok

klassenboek

eksamen

examen

vitnemål

certificaat

skoleuniform

schooluniform

utdannelse

onderwijs

leksikon

encyclopedie

universitet

universiteit

mikroskop

microscoop

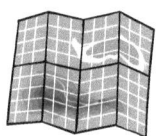

kart

kaart

papirkurv

papiermand

reise
reis

hotell
hotel
Grand
pensjonat
jeugdherberg
ROOMS
EXCHANGE
vekslingskontor
wisselkantoor
koffert
koffer
bil
auto

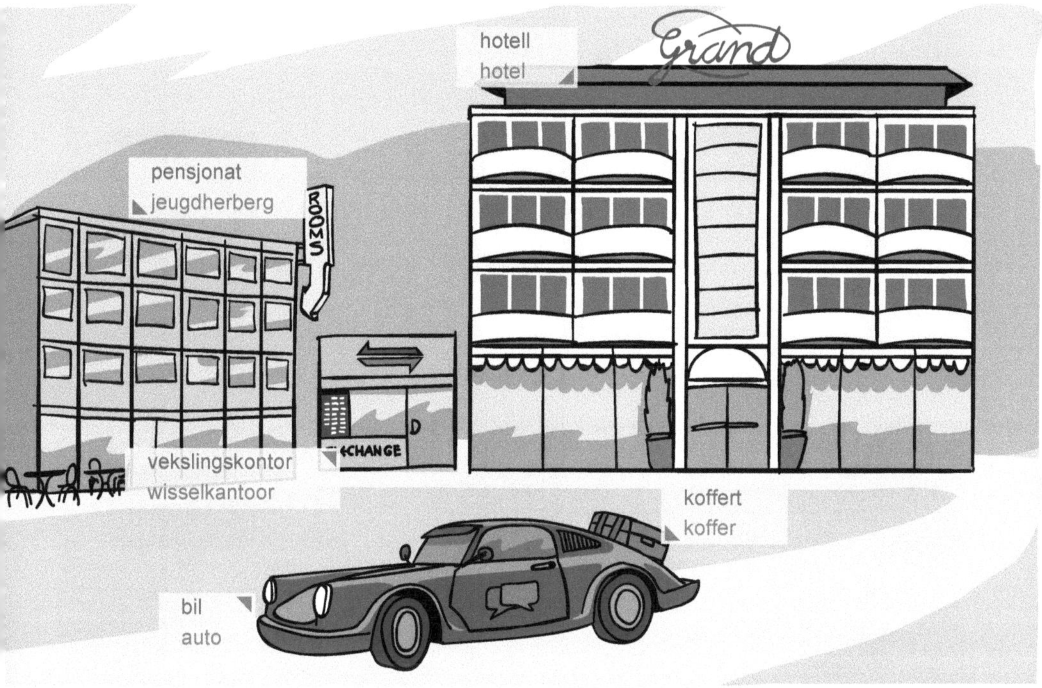

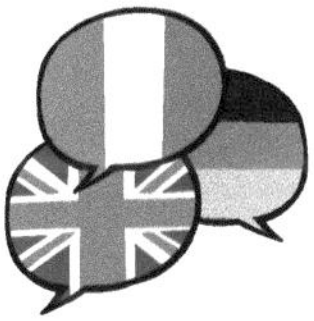

språk

Taal

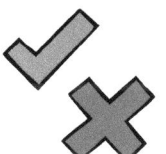

ja / nei

ja / nee

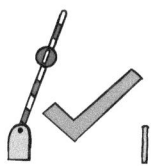

okay

oké

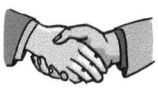

Hei

hallo

tolk

vertaler

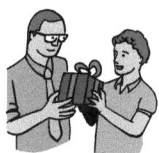

takk skal du ha

bedankt

Hva koster...?

Hoeveel kost ...?

Jeg forstår ikke

Ik begrijp het niet

problem

probleem

God kveld!

Goedenavond!

God morgen!

Goedemorgen!

God natt!

Goedenavond!

ha det bra

Tot ziens

retning

richting

bagasje

bagage

veske

zak

ryggsekk

rugzak

gjest

gast

rom

kamer

sovepose

slaapzak

telt

tent

turistinformasjon

toeristeninformatie

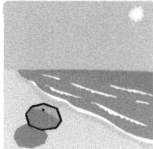

strand

strand

kredittkort

kredietkaart

frokost

ontbijt

lunsj

lunch

middag

avondeten

billett

ticket

heis

lift

stempel

postzegel

grense

grens

toll

douane

ambassade

ambassade

visum

visum

pass

paspoort

transport
transport

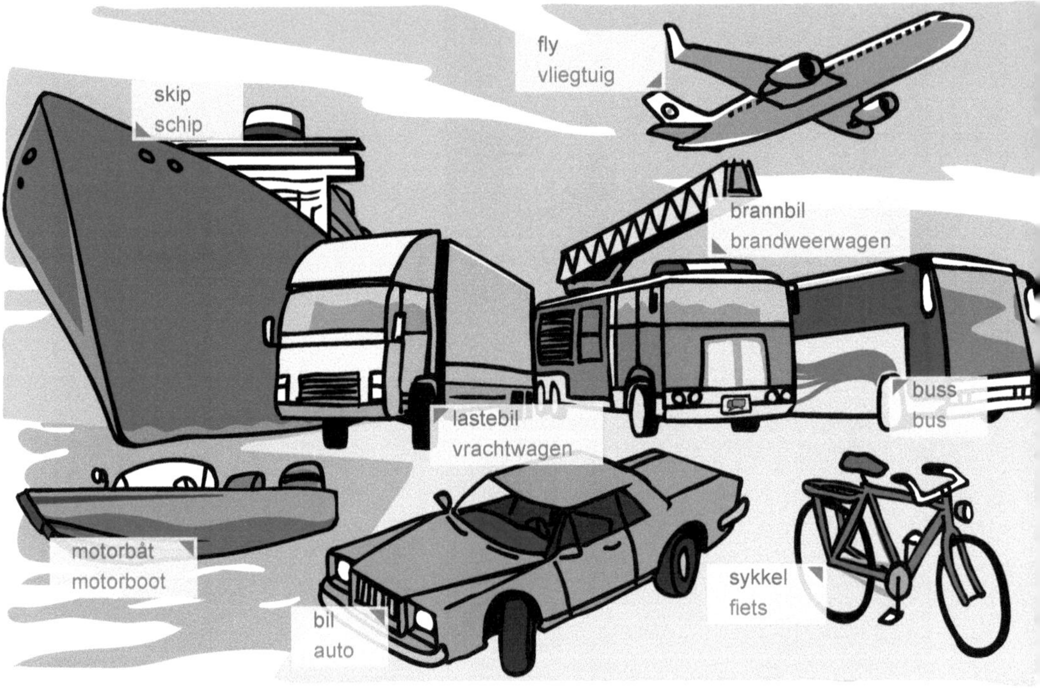
fly
vliegtuig
skip
schip
brannbil
brandweerwagen
buss
bus
lastebil
vrachtwagen
motorbåt
motorboot
sykkel
fiets
bil
auto

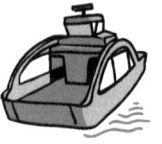

ferge
veerboot

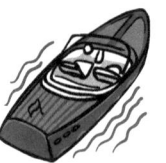

båt
boot

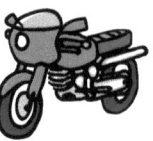

motorsykkel
motor

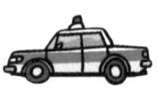

politibil
politiewagen

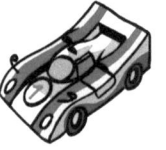

racerbil
racewagen

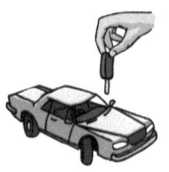

leiebil
huurauto

bilkollektiv

carpoolen

bergingsbil

sleepwagen

søppelbil

vuilniswagen

motor

motor

brennstoff

benzine

bensinstasjon

benzinestation

trafikkskilt

verkeersbord

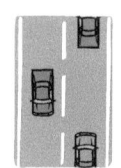

trafikk

verkeer

trafikkork

file

parkeringsplass

parkeerplaats

togstasjon

station

skinne

sporen

tog

trein

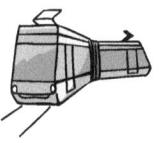

trikk

tram

vogn

wagon

helikopter

helikopter

flyplass

luchthaven

tårn

toren

passasjer

passagier

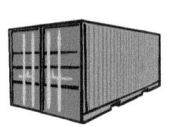

konteiner

container

kartong

karton

tralle

kar

kurv

mand

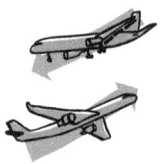

starte / lande

opstijgen / landen

by

stad

landsby

dorp

sentrum

stadscentrum

hus

huis

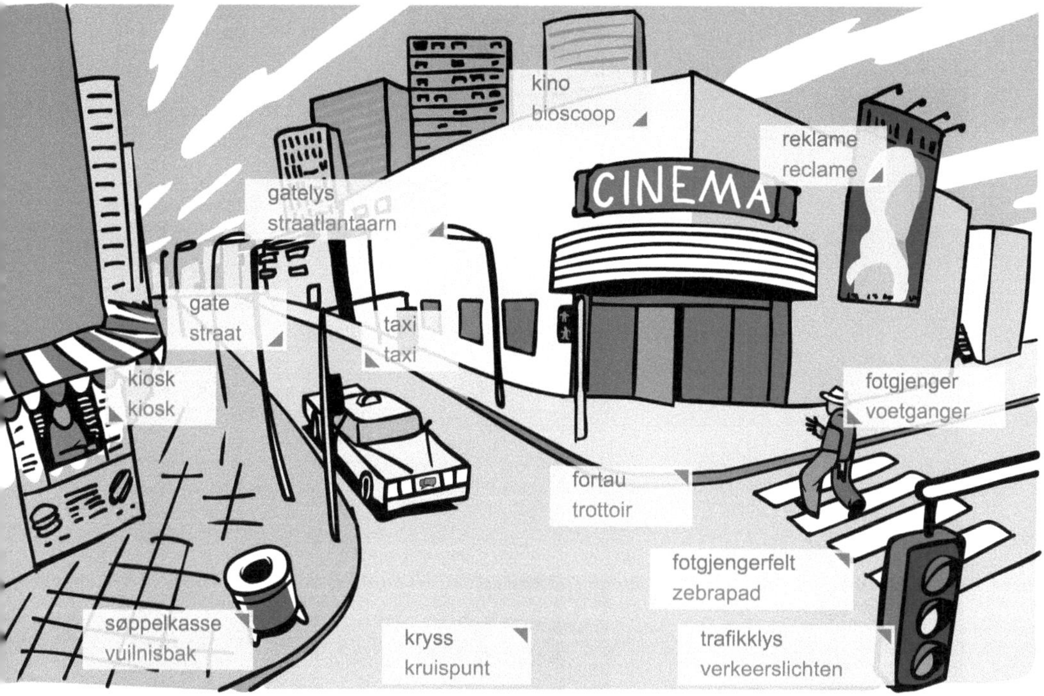

kino
bioscoop

reklame
reclame

gatelys
straatlantaarn

CINEMA

gate
straat

taxi
taxi

kiosk
kiosk

fotgjenger
voetganger

fortau
trottoir

fotgjengerfelt
zebrapad

søppelkasse
vuilnisbak

kryss
kruispunt

trafikklys
verkeerslichten

hytte
hut

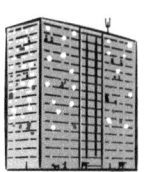

leilighet
woning

togstasjon
station

rådhus
stadshuis

museum
museum

skole
school

universitet

universiteit

bank

bank

sykehus

ziekenhuis

hotell

hotel

apotek

apotheek

kontor

kantoor

bokhandel

boekwinkel

butikk

winkel

blomsterbutikk

bloemenwinkel

matbutikk

supermarkt

marked

markt

varehus

warenhuis

fiskehandler

vishandelaar

kjøpesenter

winkelcentrum

havn

haven

park

park

benk

bank

bro

brug

trapp

trap

t-bane

metro

tunnel

tunnel

busstopp

bushalte

bar

bar

restaurant

restaurant

postkasse

brievenbus

gateskilt

straatnaambord

parkometer

parkeermeter

dyrehage

zoo

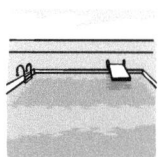

svømmebasseng

zwembad

moské

moskee

bondegård
boerderij

miljøforurensing
milieuverontreiniging

kirkegård
kerkhof

kirke
kerk

lekeplass
speelplaats

tempel
tempel

landskap
landschap

blad
blad

veiviser
wegwijzer

vei
weg

eng
weide

stein
steen

turgåer
wandelaar

tre
boom

elv
rivier

gress
gras

blomst
bloem

dal

vallei

fjell

heuvel

innsjø

meer

skog

bos

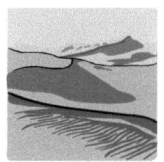

ørken

woestijn

vulkan

vulkaan

slott

kasteel

regnbue

regenboog

sopp

paddenstoel

palmetre

palmboom

mygg

mug

flue

vlieg

maur

mier

bie

bijl

edderkopp

spin

bille

kever

frosk

kikker

ekorn

eekhoorn

piggsvin

egel

hare

haas

ugle

uil

fugl

vogel

svane

zwaan

villsvin

wild zwijn

hjort

hert

elg

eland

demning

dam

vindturbin

windturbine

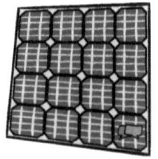

solcellepanel

zonnepaneel

klima

klimaat

restaurant
restaurant

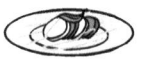

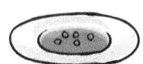

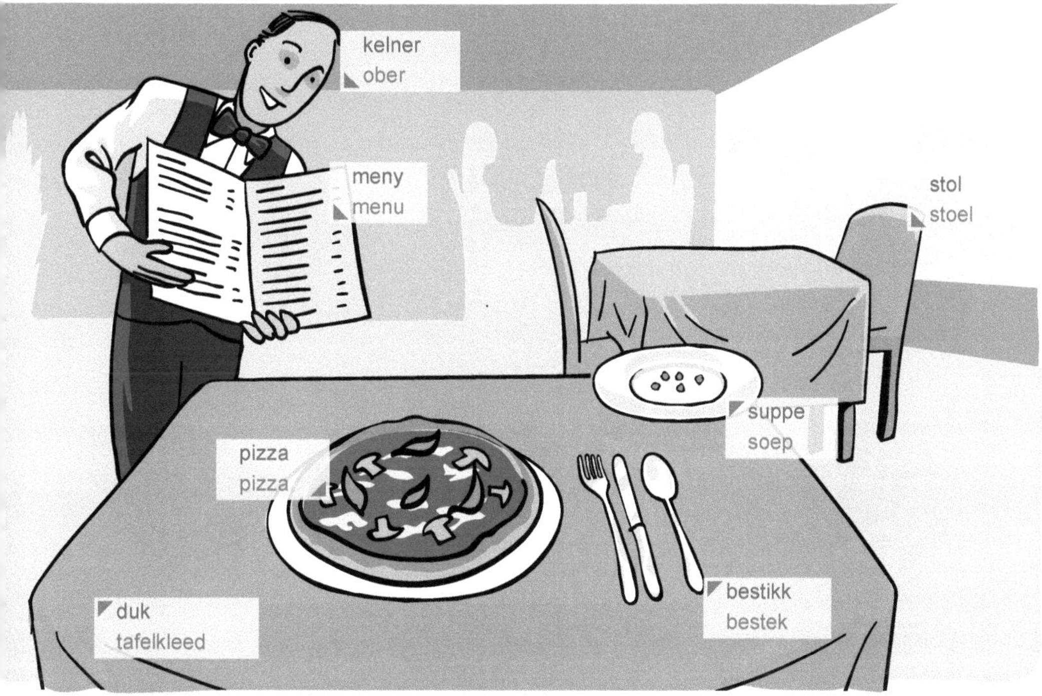
kelner
ober
meny
menu
stol
stoel
suppe
soep
pizza
pizza
bestikk
bestek
duk
tafelkleed

forrett

voorgerecht

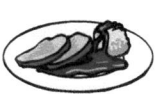

hovedrett

hoofdgerecht

dessert

nagerecht

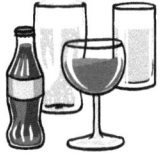

drikkevarer

drankjes

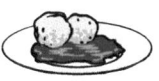

mat

eten

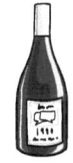

flaske

fles

hurtigmat

fastfood

gatemat

street food

tekanne

theepot

sukkerskål

suikerpot

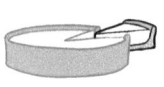

porsjon

portie

espressomaskin

espressomachine

barnestol

kinderstoel

regning

rekening

brett

dienblad

kniv

mes

gaffel

vork

skje

lepel

teskje

theelepel

serviett

serviette

glass

glas

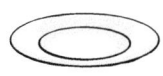

tallerken

bord

suppetallerken

soepbord

skål

schoteltje

saus

saus

saltbøsse

zoutvatje

pepperkvern

pepermolen

eddik

azijn

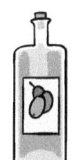

olje

olie

krydder

kruiden

ketchup

ketchup

sennep

mosterd

majones

mayonaise

matbutikk
supermarkt

tilbud
aanbieding
FOR
kunde
klant
meieriprodukt
zuivelproducten
frukt
fruit
handlevogn
winkelwagen

BUTCHERS

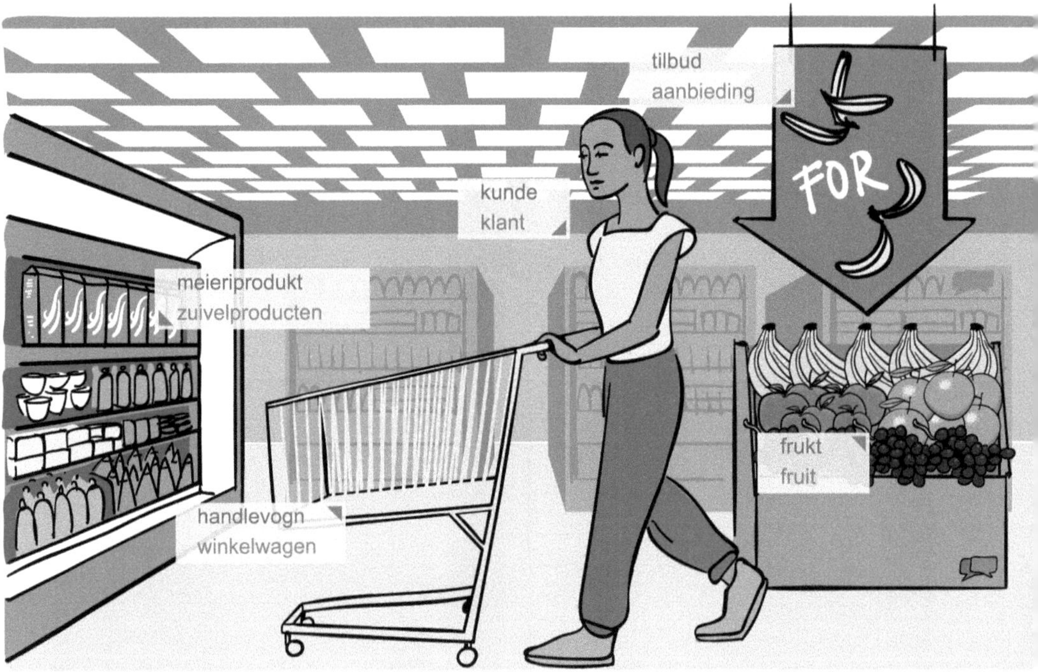

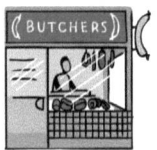

slakter

slagerij

BAKERY

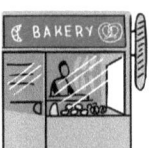

bakeri

bakkerij

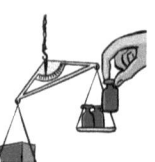

veie

wegen

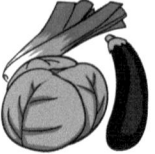

grønnsaker

groenten

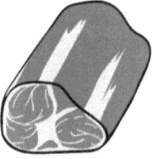

kjøtt

vlees

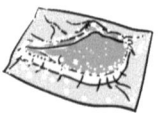

frysevarer

diepvriesvoedsel

oppskåret pålegg

charcuterie

hermetikk

conserven

vaskepulver

waspoeder

godteri

snoep

husholdningsprodukter

huishoudproducten

rengjøringsmidler

schoonmaakproducten

butikkmedarbeider

verkoopster

kassaapparat

kassa

kasserer

kassier

handleliste

boodschappenlijstje

åpningstider

openingstijden

lommebok

portefeuille

kredittkort

kredietkaart

veske

tas

plastpose

plastieken zakje

matbutikk - supermarkt

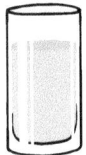

vann

water

juice

sap

melk

melk

cola

cola

vin

wijn

øl

bier

alkohol

alcohol

kakao

cacao

te

thee

kaffe

koffie

espresso

espresso

cappuccino

cappuccino

banan

banaan

eple

appel

appelsin

sinaasappel

melon

meloen

sitron

citroen

gulrot

wortel

hvitløk

knoflook

bambus

bamboe

løk

ajuin

sopp

champignon

nøtter

noten

nudler

noodles

spagetti

spaghetti

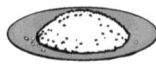

ris

rijst

salat

salade

pommes frites

frieten

stekte poteter

gebakken aardappelen

pizza

pizza

hamburger

hamburger

sandwich

sandwich

biff

kalfslapje

skinke

ham

salami

salami

pølse

worst

kylling

kip

stek

braden

fisk

vis

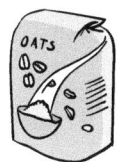

havregryn

havervlokken

müsli

muesli

cornflakes

cornflakes

mel

bloem

croissant

croissant

rundstykke

pistolet

brød

brood

ristet brød

toast

kjeks

koekjes

smør

boter

kvarg

kwark

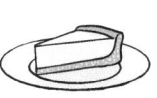

kake

taart

egg

ei

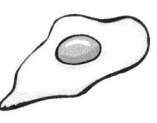

speilegg

spiegelei

ost

kaas

iskrem
ijs

sukker
suiker

honning
honing

syltetøy
confituur

sjokoladepålegg
choco

karri
curry

mat - eten

bondegård
boerderij

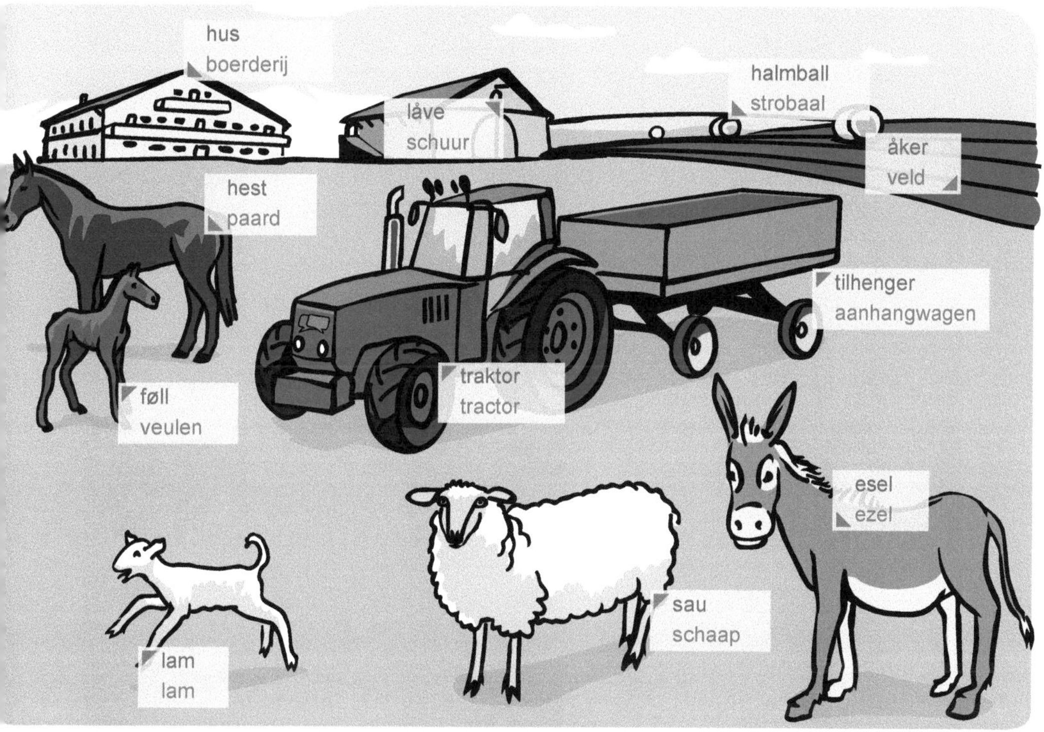
hus
boerderij
låve
schuur
halmball
strobaal
åker
veld
hest
paard
tilhenger
aanhangwagen
føll
veulen
traktor
tractor
esel
ezel
sau
schaap
lam
lam

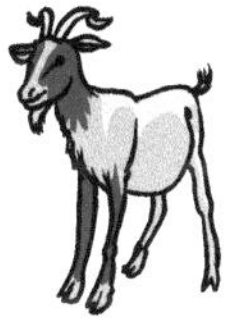

geit
geit

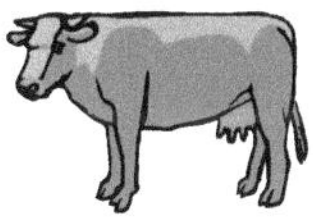

ku
koe

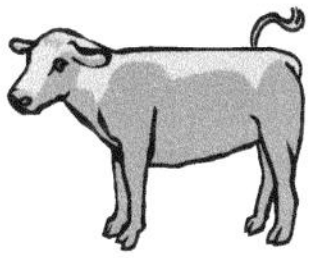

kalv
kalf

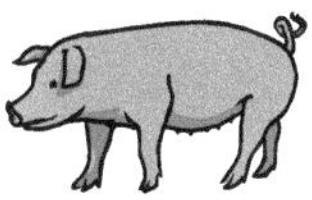

gris
varken

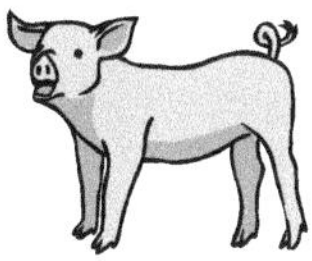

grisunge
biggetje

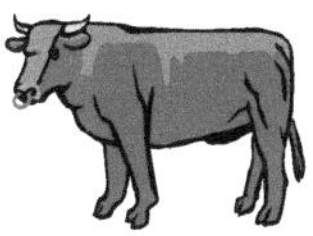

okse
stier

gås

gans

and

eend

kylling

kuiken

høne

kip

hane

haan

rotte

rat

katt

kat

mus

muis

okse

os

hund

hond

hundehus

hondenhok

hageslange

tuinslang

vannkanne

gieter

ljå

zeis

plog

ploeg

sigd

sikkel

hakke

schoffel

høygaffel

hooivork

øks

bijl

trillebår

kruiwagen

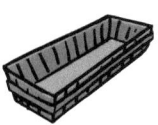

trau

trog

melkekanne

melkkan

sekk

zak

gjerde

hek

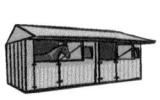

fjøs

stal

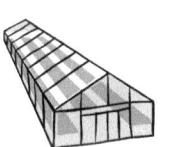

drivhus

broeikas

jord

bodem

frø

zaad

gjødsel

mest

skurtresker

maaidorser

høste

oogsten

innhøsting

oogst

yams

yam

hvete

tarwe

soja

soja

potet

aardappel

mais

maïs

raps

koolzaad

frukttre

fruitboom

kassava

maniok

korn

graan

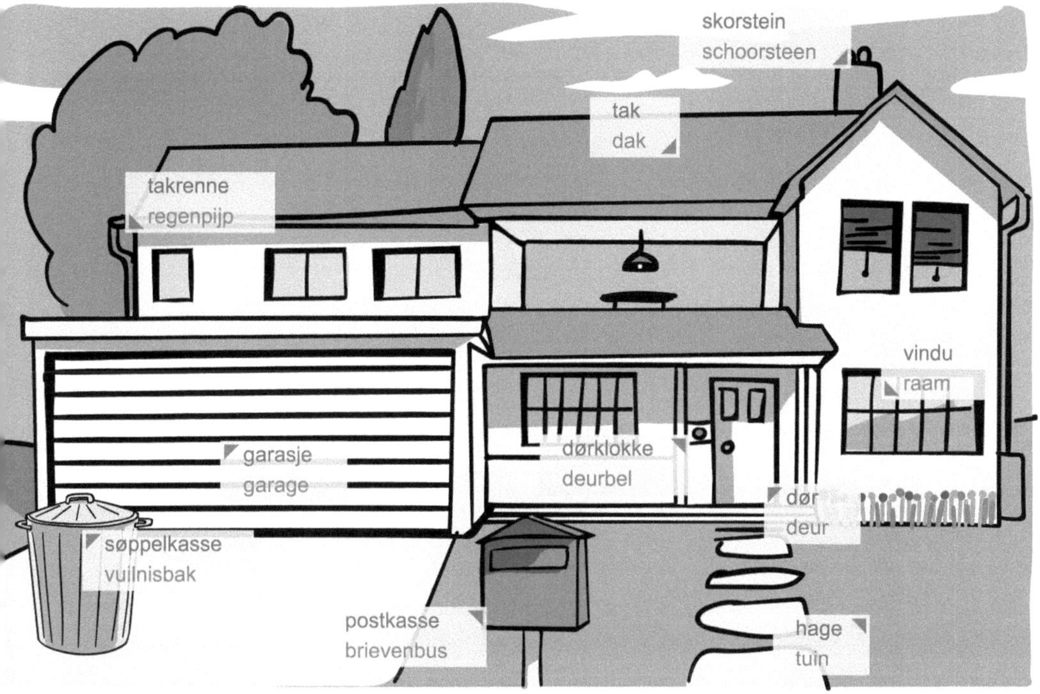

skorstein
schoorsteen

tak
dak

takrenne
regenpijp

vindu
raam

garasje
garage

dørklokke
deurbel

dør
deur

søppelkasse
vuilnisbak

postkasse
brievenbus

hage
tuin

stue

woonkamer

bad

badkamer

kjøkken

keuken

soverom

slaapkamer

barnerom

kinderkamer

spisestue

eetkamer

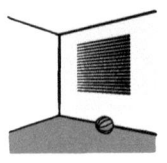

gulv

vloer

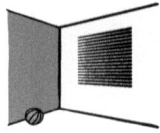

vegg

muur

tak

plafond

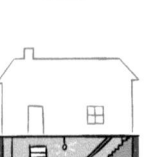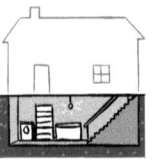

kjeller

kelder

badstue

sauna

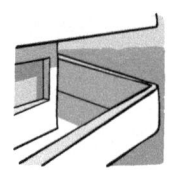

balkong

balkon

terrasse

terras

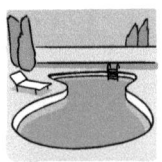

svømmebasseng

zwembad

gressklipper

grasmaaier

laken

dekbedovertrek

dyne

dekbed

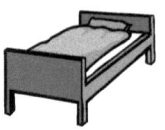

seng

bed

kost

bezem

bøtte

emmer

bryter

schakelaar

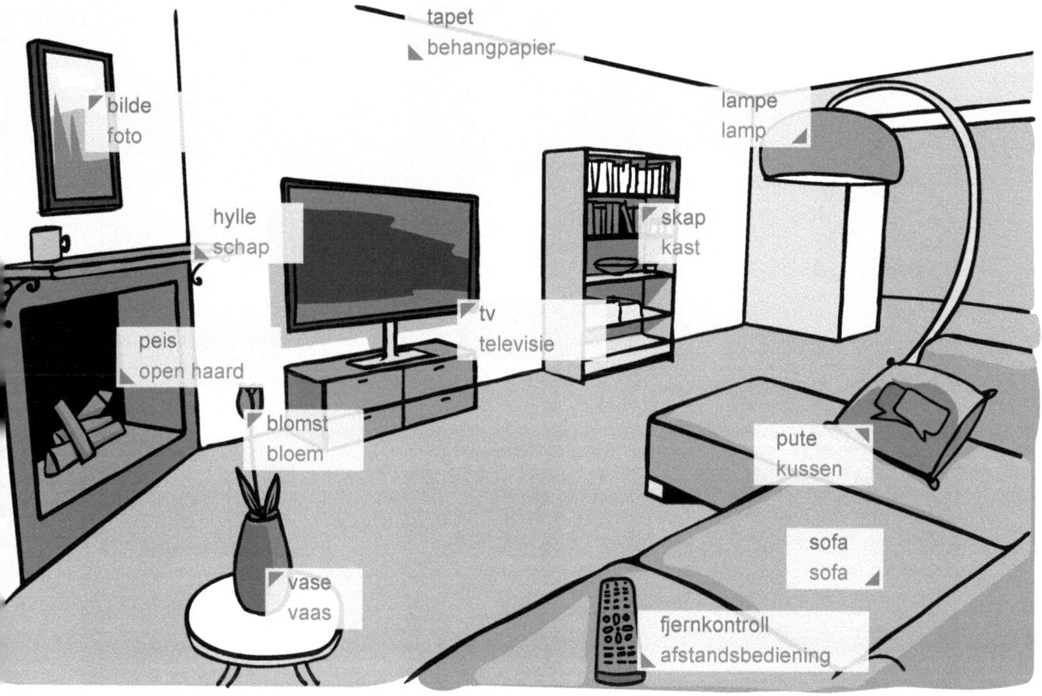

tapet
behangpapier

bilde
foto

lampe
lamp

hylle
schap

skap
kast

tv
televisie

peis
open haard

blomst
bloem

pute
kussen

sofa
sofa

vase
vaas

fjernkontroll
afstandsbediening

gulvteppe
mat

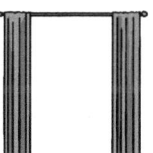

gardin
gordijn

bord
tafel

stol
stoel

gyngestol
schommelstoel

lenestol
fauteuil

bok
boek

teppe
deken

dekorasjon
decoratie

ved
brandhout

film
film

stereoanlegg
stereo-installatie

nøkkel
sleutel

avis
krant

maleri
schilderij

plakat
poster

radio
radio

notatblokk
notitieboekje

støvsuger
stofzuiger

kaktus
cactus

lys
kaars

kjøkken
keuken

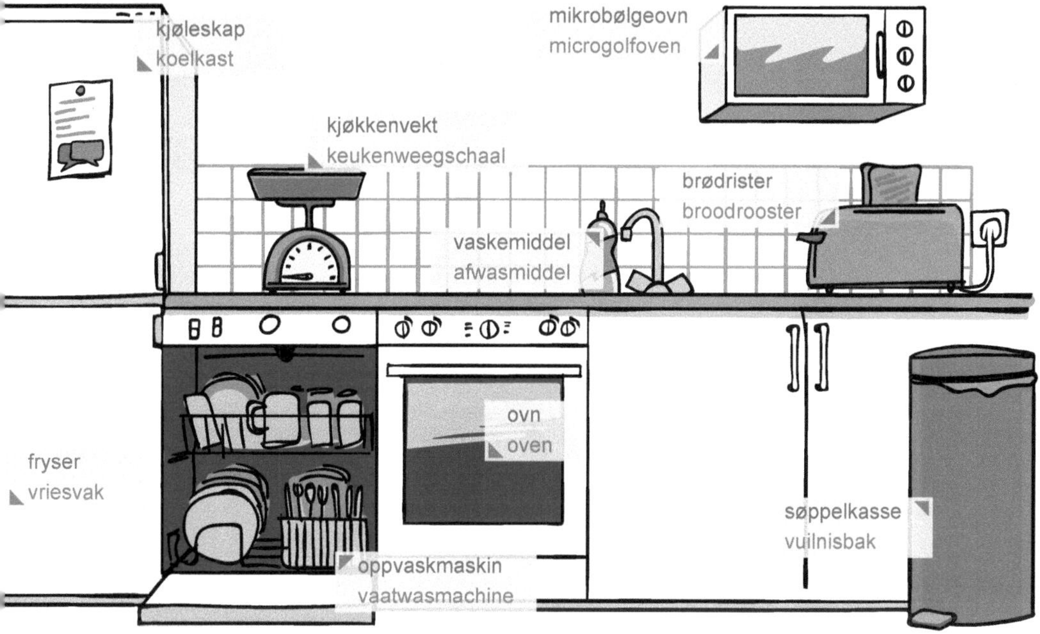
kjøleskap
koelkast
mikrobølgeovn
microgolfoven
kjøkkenvekt
keukenweegschaal
brødrister
broodrooster
vaskemiddel
afwasmiddel
ovn
oven
fryser
vriesvak
søppelkasse
vuilnisbak
oppvaskmaskin
vaatwasmachine

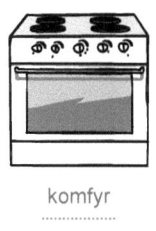

komfyr

fornuis

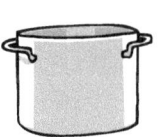

gryte

pot

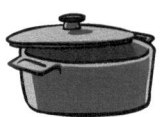

jerngryte

gietijzeren pot

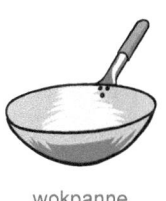

wokpanne

wok / kadai

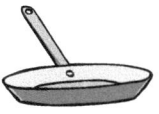

panne

pan

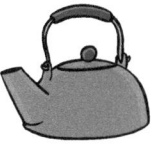

vannkoker

waterkoker

dampovn

stoomkoker

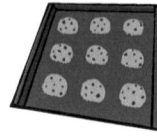

stekebrett

bakplaat

servise

servies

krus

mok

bolle

kom

spisepinner

eetstokjes

øse

pollepel

stekespade

spatel

visp

garde

sil

vergiet

sil

zeef

rivjern

rasp

mørtel

mortier

grill

barbecue

bål

haardvuur

skjærefjøl

snijplank

kjevle

deegrol

korketrekker

kurkentrekker

boks

blik

boksåpner

blikopener

gryteklut

pannenlap

vask

gootsteen

børste

borstel

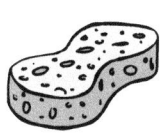

svamp

spons

blender

blender

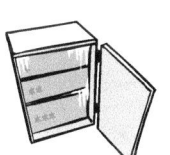

fryseboks

vriezer

tåteflaske

papfles

kran

kraan

bad

badkamer

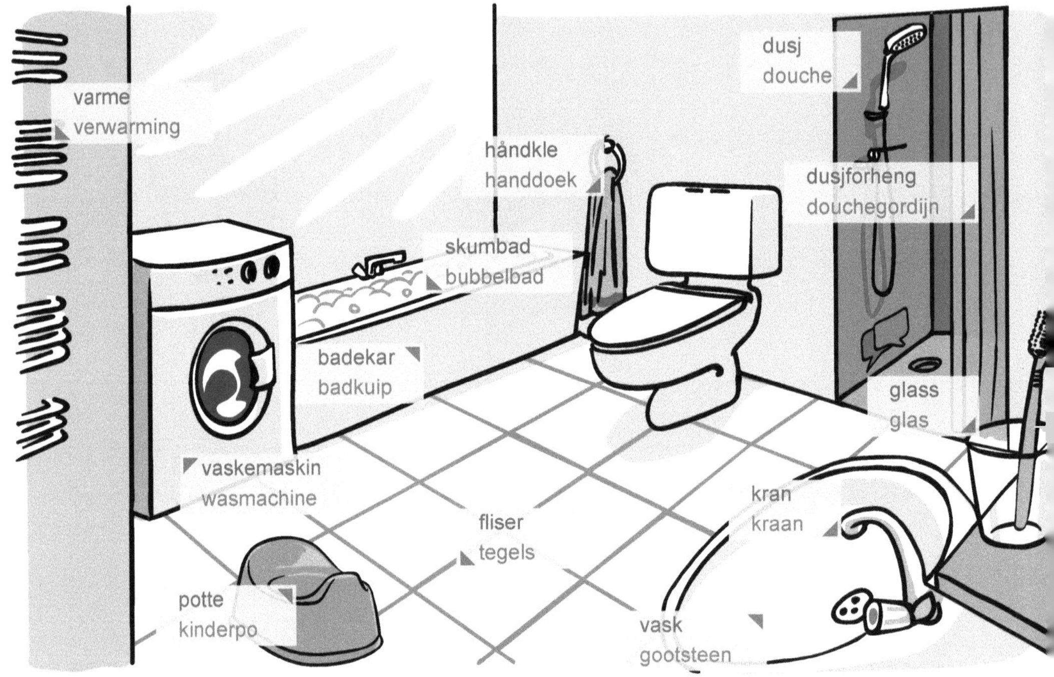

varme
verwarming
håndkle
handdoek
dusj
douche
dusjforheng
douchegordijn
skumbad
bubbelbad
badekar
badkuip
glass
glas
vaskemaskin
wasmachine
kran
kraan
fliser
tegels
potte
kinderpo
vask
gootsteen

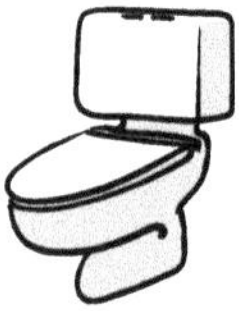

toalett

toilet

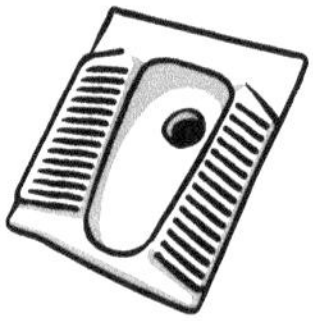

ståtoalett

hurktoilet

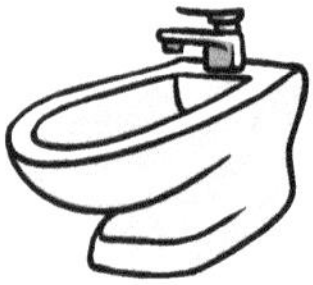

bidet

bidet

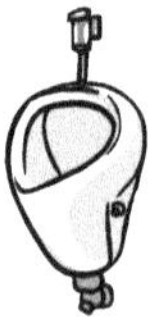

pissoar

urinoir

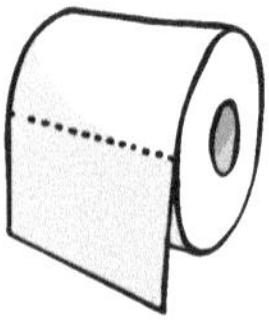

toalettpapir

toiletpapier

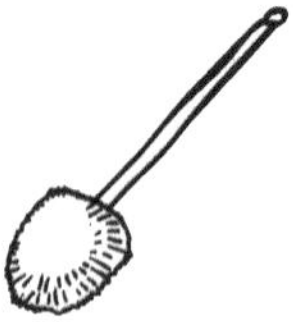

toalettbørste

toiletborstel

tannbørste

tandenborstel

tannkrem

tandpasta

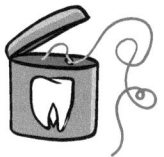

tanntråd

flosdraad

vaske

wassen

hånddusj

handdouche

intimdusj

bidethanddouche

oppvaskbalje

waskom

ryggbørste

rugborstel

såpe

zeep

dusjsåpe

douchegel

sjampo

shampoo

vaskeklut

washandje

avløp

afvoer

krem

crème

deodorant

deodorant

speil

spiegel

håndspeil

handspiegel

barberhøvel

scheermes

barberskum

scheerschuim

barberingsvann

aftershave

kam

kam

børste

borstel

hårføner

haardroger

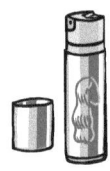

hårspray

haarlak

sminke

make-up

lebestift

lippenstift

neglelakk

nagellak

bomullsdott

watten

neglesaks

nagelknipper

parfyme

parfum

toalettmappe
toilettas

krakk
kruk

vekt
weegschaal

badekåpe
badjas

gummihansker
latex handschoenen

tampong
tampon

sanitetsbind
maandverband

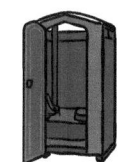

kjemisk toalett
chemisch toilet

barnerom
kinderkamer

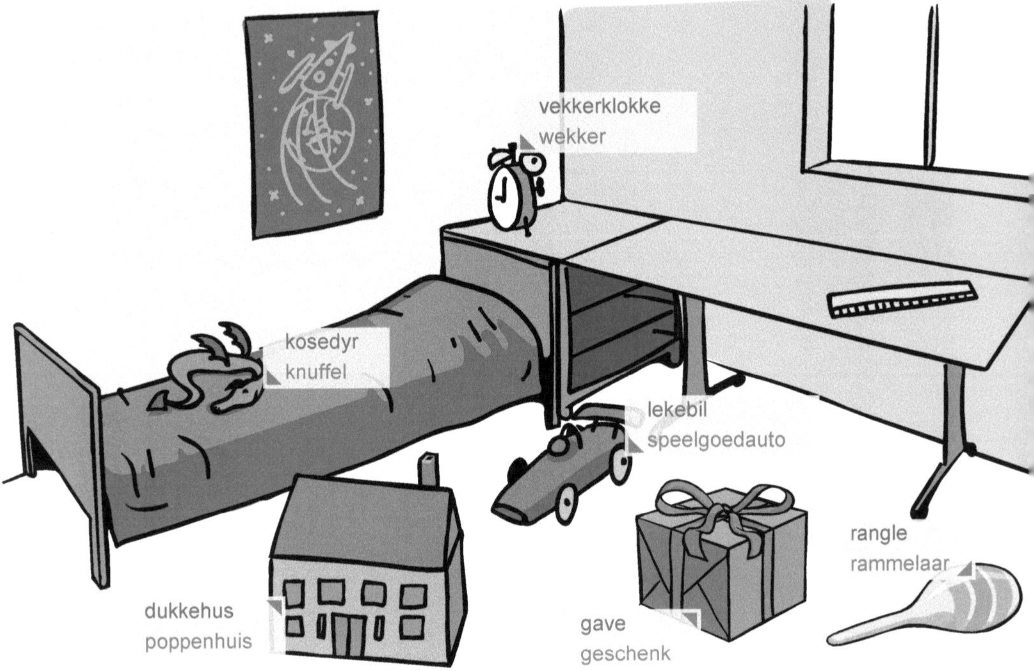
vekkerklokke
wekker
kosedyr
knuffel
lekebil
speelgoedauto
rangle
rammelaar
dukkehus
poppenhuis
gave
geschenk

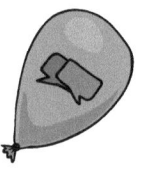

ballong

ballon

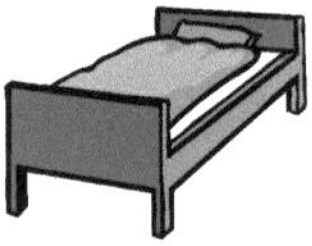

seng

bed

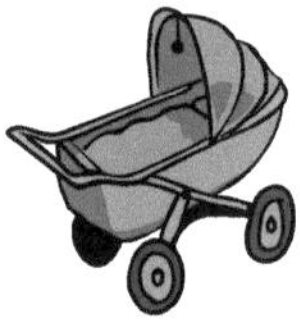

barnevogn

kinderwagen

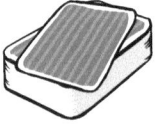

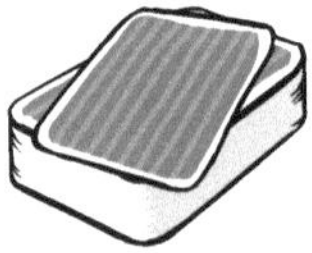

kortstokk

spel kaarten

puslespill

puzzel

SUPER
MEGA

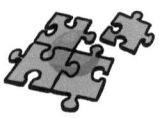

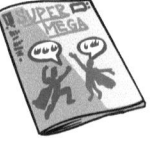

tegneserie

stripboek

lego klosser

legoblokjes

byggeklosser

blokken

actionfigur

actiefiguur

sparkebukse

kruippakje

frisbee

frisbee

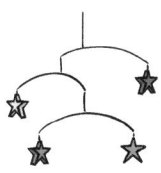

uro

mobiel

brettspill

bordspel

terning

dobbelsteen

togbane

modelspoorweg

smokk

fopspeen

fest

feest

bildebok

prentenboek

ball

bal

dukke

pop

leke

spelen

sandkasse

zandbak

gynge

schommel

leketøy

speelgoed

spillekonsoll

spelconsole

trehjulssykkel

driewieler

bamse

knuffelbeer

garderobeskap

kleerkast

klær

kleding

sokker

sokken

strømper

kousen

strømpebukse

maillot

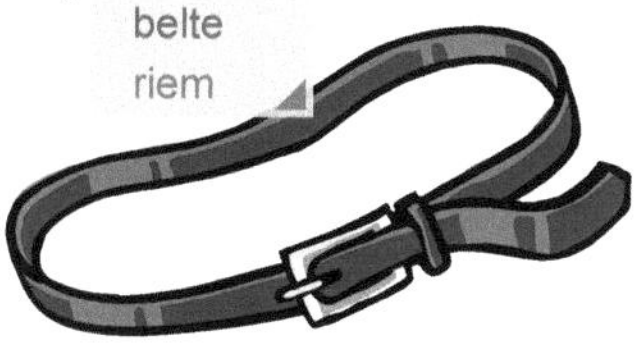

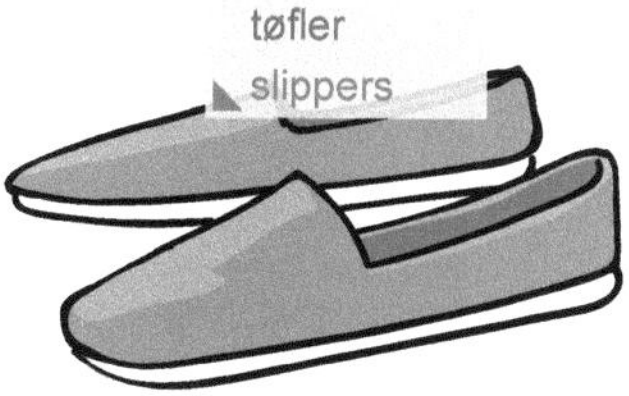

skjerf
sjaal

paraply
paraplu

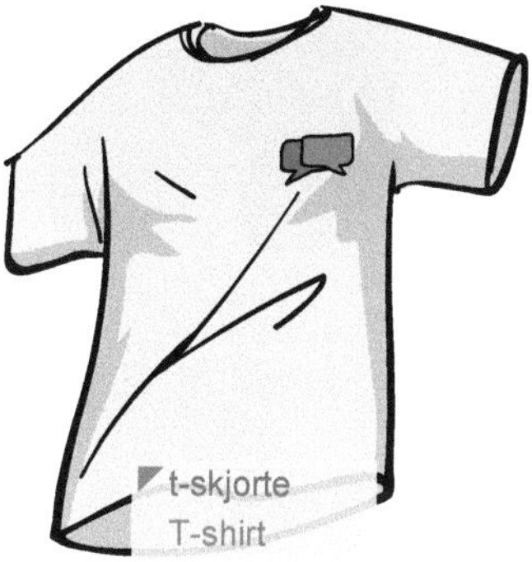

belte
riem

t-skjorte
T-shirt

sneakers
sneakers

støvler
laarzen

tøfler
slippers

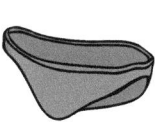

sandaler
sandalen

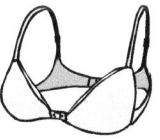

sko
schoenen

gummistøvler
rubberlaarzen

underbukse
onderbroek

BH
beha

undertrøye
onderhemd

klær - kleding   45

body

lichaam

bukse

broek

dongeribukse

jeans

skjørt

rok

bluse

blouse

skjorte

hemd

genser

trui

hettegenser

capuchontrui

dressjakke

blazer

jakke

jas

kåpe

jas

regnjakke

regenjas

drakt

kostuum

kjole

jurk

brudekjole

trouwjurk

dress

pak

nattkjole

nachthemd

pyjamas

pyjama

sari

sari

skaut

hoofddoek

turban

tulband

burka

boerka

kaftan

kaftan

abaya

abaya

badedrakt

badpak

badebukse

zwembroek

shorts

short

treningsklær

trainingspak

forkle

schort

handske

handschoenen

knapp

knoop

brille

bril

armbånd

armband

kjede

ketting

ring

ring

øredobb

oorbel

lue

pet

kleshenger

kapstok

hatt

hoed

slips

das

glidelås

rits

hjelm

helm

bukseseler

bretellen

skoleuniform

schooluniform

uniform

uniform

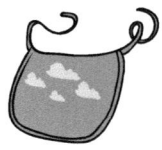

smekke

slabbetje

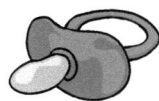

smokk

fopspeen

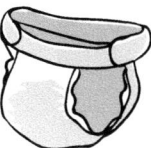

bleie

luier

kontor
kantoor

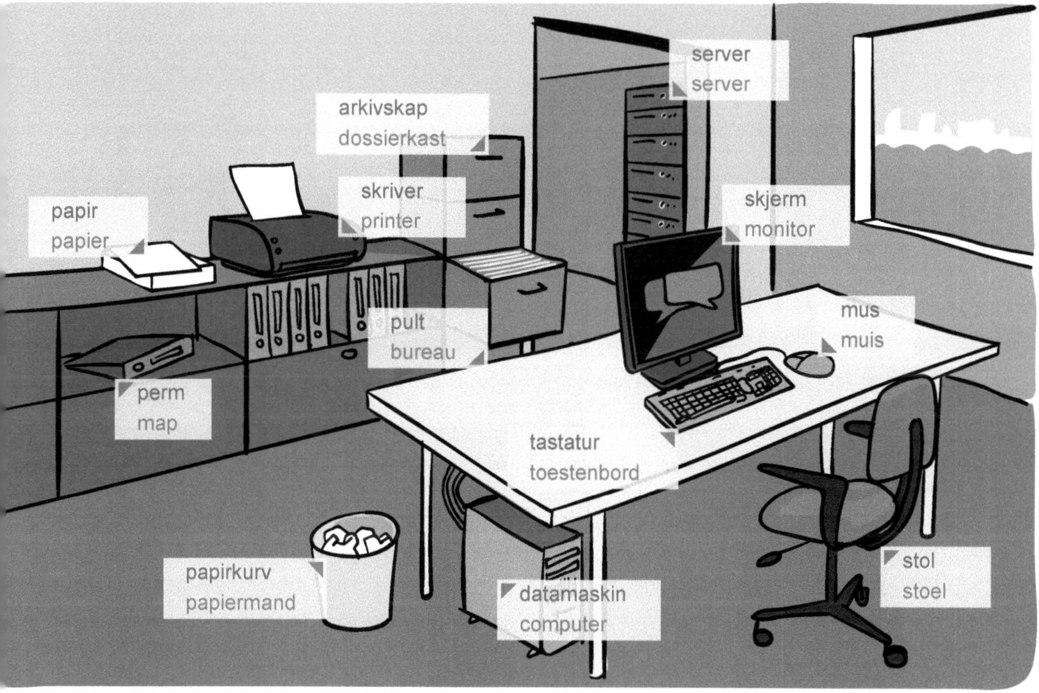

server
server
arkivskap
dossierkast
skriver
printer
papir
papier
skjerm
monitor
pult
bureau
mus
muis
perm
map
tastatur
toestenbord
papirkurv
papiermand
datamaskin
computer
stol
stoel

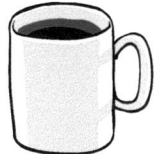

kaffekopp

koffiemok

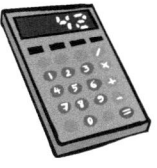

kalkulator

rekenmachine

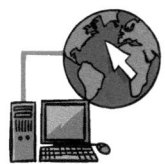

internett

internet

bærbar pc

laptop

brev

brief

beskjed

bericht

mobiltelefon

gsm

nettverk

netwerk

kopimaskin

kopieerapparaat

programvare

software

telefon

telefoon

stikkontakt

stopcontact

faksmaskin

fax

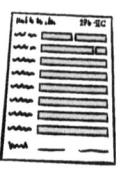

skjema

formulier

dokument

document

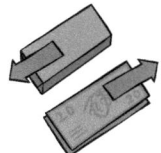

kjøpe
kopen

betale
betalen

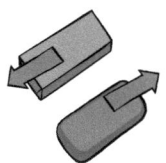

handle
handelen

penger
geld

USD

dollar
dollar

EUR

euro
euro

JPY

yen
yen

RUB

rubel
roebel

CHF

sveitserfranc
Zwitserse frank

CNY

renminbi
Chinese renminbi

INR

rupi
roepie

minibank
geldautomaat

vekslingskontor

wisselkantoor

gull

goud

sølv

zilver

olje

olie

energi

energie

pris

prijs

kontrakt

contract

avgift

belasting

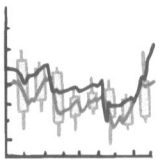

aksje

aandeel

jobbe

werken

ansatt

werknemer

arbeitsgiver

werkgever

fabrikk

fabriek

butikk

winkel

politibetjent
politieagent

brannmann
brandweerman

kokk
kok

lege
dokter

pilot
piloot

gartner
tuinman

snekker
timmerman

syerske
naaister

dommer
rechter

kjemiker
chemicus

skuespiller
acteur

bussjåfør

buschauffeur

taxisjåfør

taxichauffeur

fisker

visser

vaskedame

schoonmaakster

taktekker

dakdekker

kelner

ober

jeger

jager

maler

schilder

baker

bakker

elektriker

elektricien

bygningsarbeider

bouwvakker

ingeniør

ingenieur

slakter

slager

rørlegger

loodgieter

postbud

postbode

soldat

soldaat

arkitekt

architect

kasserer

kassier

blomsterhandler

bloemist

frisør

kapper

konduktør

conducteur

mekaniker

mecanicien

kaptein

kapitein

tannlege

tandarts

forsker

wetenschapper

rabbi

rabbijn

imam

imam

munk

monnik

prest

geestelijke

verktøy
werktuigen

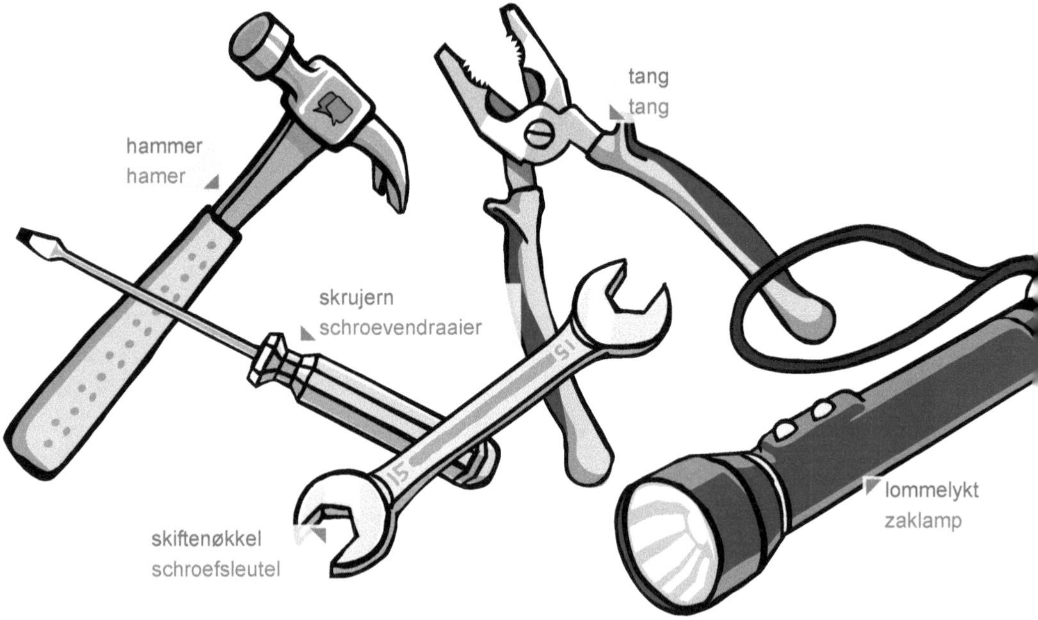

tang
tang
hammer
hamer
skrujern
schroevendraaier
skiftenøkkel
schroefsleutel
lommelykt
zaklamp

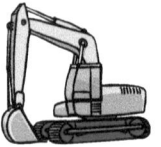

gravemaskin

graafmachine

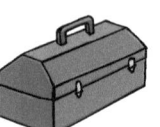

verktøykasse

gereedschapskoffer

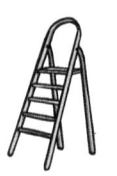

stige

ladder

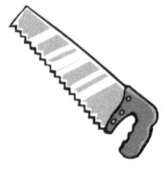

sag

zaag

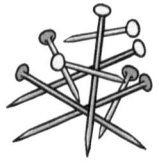

spiker

spijkers

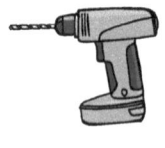

bor

boormachine

reparere

repareren

spade

schop

Søren!

Verdomme!

feiebrett

blik

malingsspann

verfpot

skruer

schroeven

musikkinstrument
muziekinstrumenten

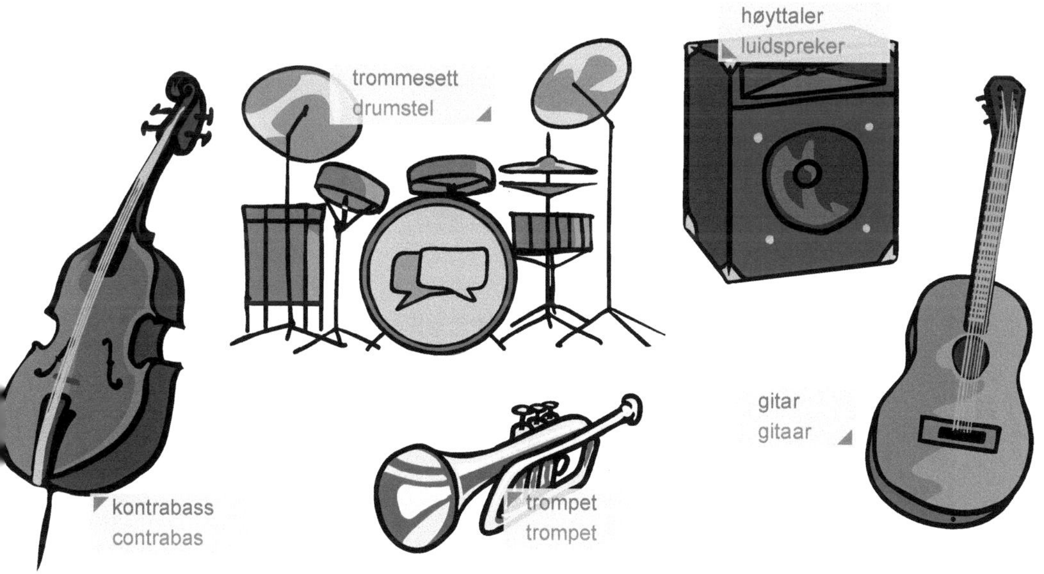

trommesett
drumstel

høyttaler
luidspreker

gitar
gitaar

kontrabass
contrabas

trompet
trompet

piano

piano

fiolin

viool

bass

basgitaar

pauke

pauk

trommer

trommels

keyboard

keyboard

saksofon

saxofoon

fløyte

fluit

mikrofon

microfoon

dyrehage

zoo

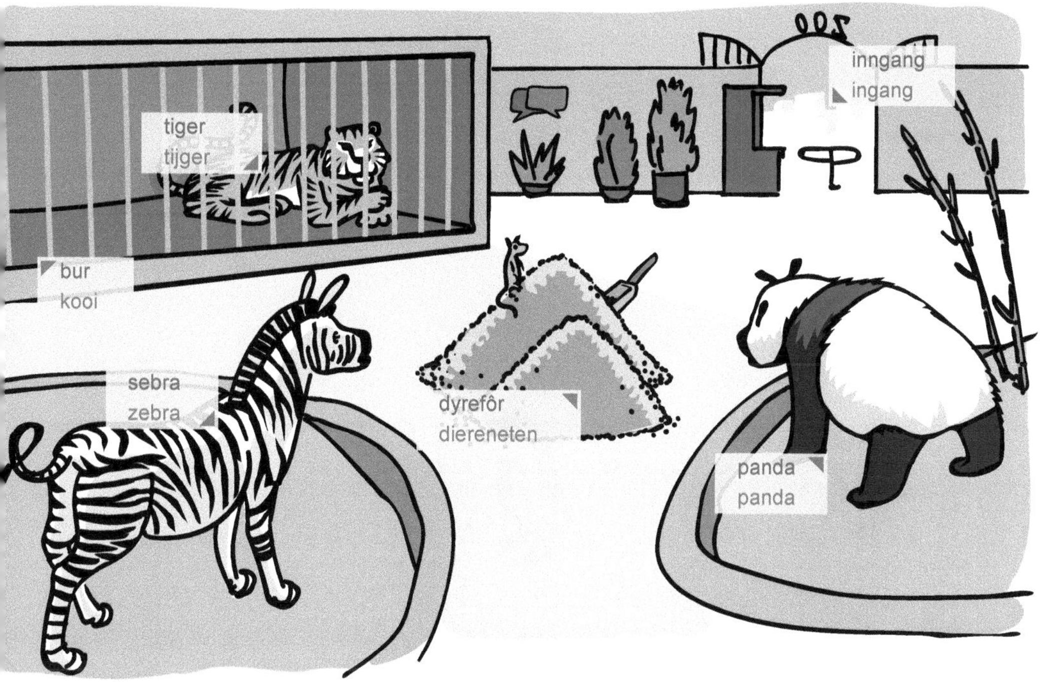
inngang
ingang
tiger
tijger
bur
kooi
sebra
zebra
dyrefôr
diereneten
panda
panda

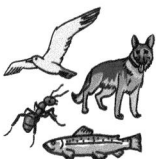

dyr

dieren

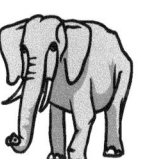

elefant

olifant

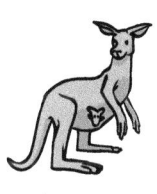

kenguru

kangoeroe

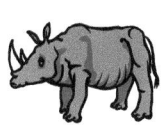

neshorn

neushoorn

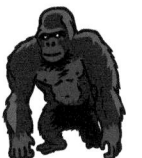

gorilla

gorilla

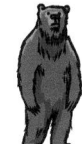

bjørn

beer

kamel

kameel

struts

struisvogel

løve

leeuw

ape

aap

flamingo

flamingo

papegøye

papegaai

isbjørn

ijsbeer

pingvin

pinguïn

hai

haai

påfugl

pauw

slange

slang

krokodille

krokodil

dyrepasser

dierenverzorger

sel

zeehond

jaguar

jaguar

ponni

pony

leopard

luipaard

flodhest

nijlpaard

giraff

giraffe

ørn

adelaar

villsvin

wild zwijn

fisk

vis

skilpadde

zeeschildpad

hvalross

walrus

rev

vos

gaselle

gazelle

amerikansk fotball
rugby

sykling
wielrennen

tennis
tennis

basketball
basketbal

svømming
zwemmen

boksing
boksen

ishockey
ijshockey

fotball
voetbal

badminton
badminton

friidrett
atletiek

håndball
handbal

stå på ski
skiën

polo
polo

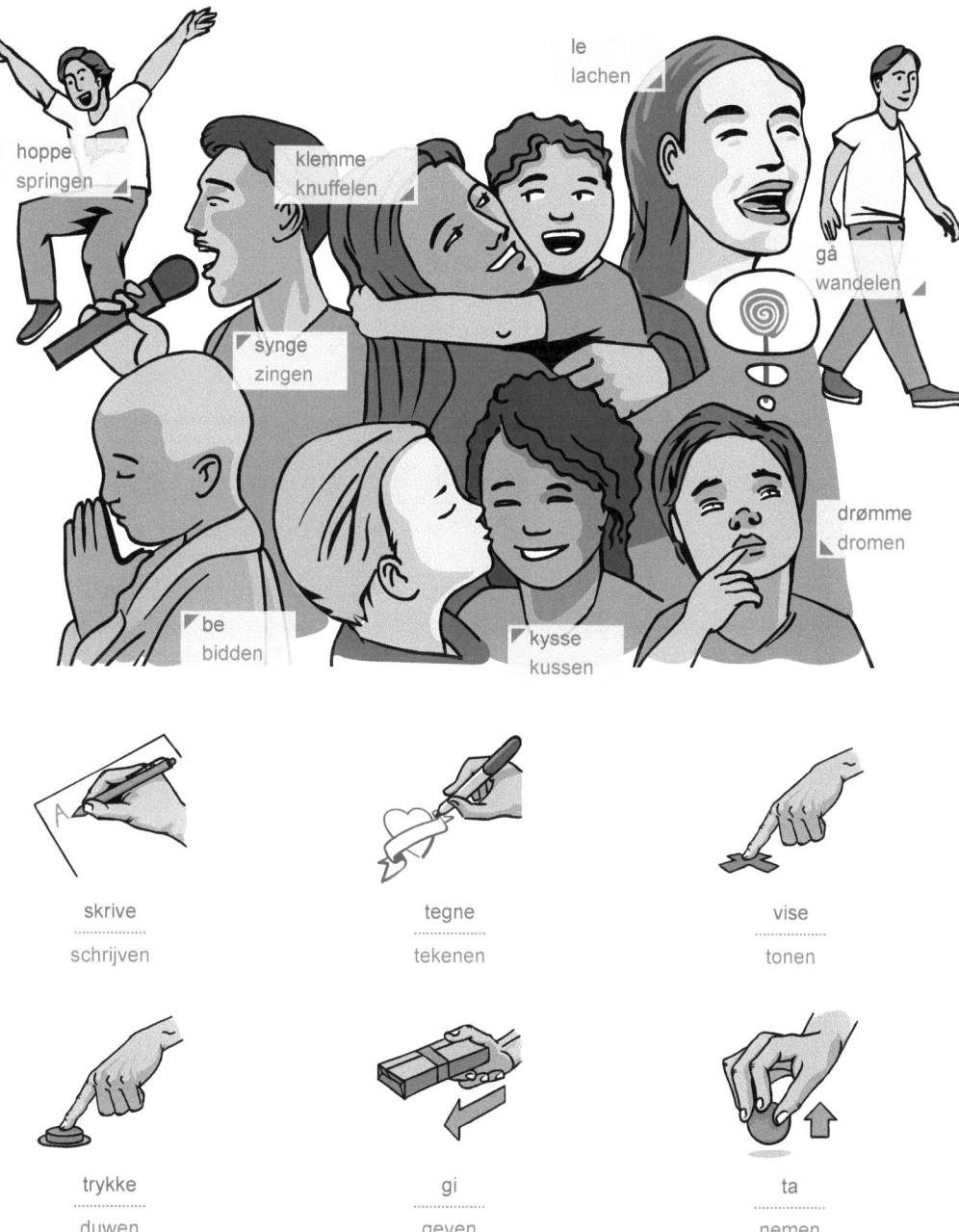

le
lachen

hoppe
springen

klemme
knuffelen

gå
wandelen

synge
zingen

drømme
dromen

be
bidden

kysse
kussen

skrive
schrijven

tegne
tekenen

vise
tonen

trykke
duwen

gi
geven

ta
nemen

ha

hebben

gjøre

doen

være

zijn

stå

staan

løpe

lopen

dra

trekken

kaste

gooien

falle

vallen

ligge

liggen

vente

wachten

bære

dragen

sitte

zitten

kle på

aankleden

sove

slapen

våkne

ontwaken

se på

kijken naar

gråte

wenen

stryke

aaien

gre

kammen

snakke

praten

forstå

begrijpen

spørre

vragen

høre

luisteren

drikke

drinken

spise

eten

rydde

opruimen

elske

houden van

lage mat

koken

kjøre

rijden

fly

vliegen

seile

zeilen

regne

rekenen

lese

Lezen

lære

leren

jobbe

werken

gifte seg

trouwen

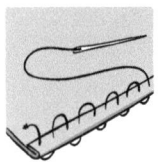

sy

naaien

pusse tenner

tandenpoetsen

drepe

doden

røyke

roken

sende

sturen

bestemor
grootmoeder

baby
baby

mor
moeder

bestefar
grootvader

far
vader

datter
dochter

sønn
zoon

gjest

gast

tante

tante

onkel

oom

bror

broer

søster

zus

familie - familie

kropp
lichaam

panne
voorhoofd
øye
oog
skulder
schouder
finger
vinger
fjes
gezicht
hake
kin
hånd
hand
ben
been
bryst
borst
arm
arm

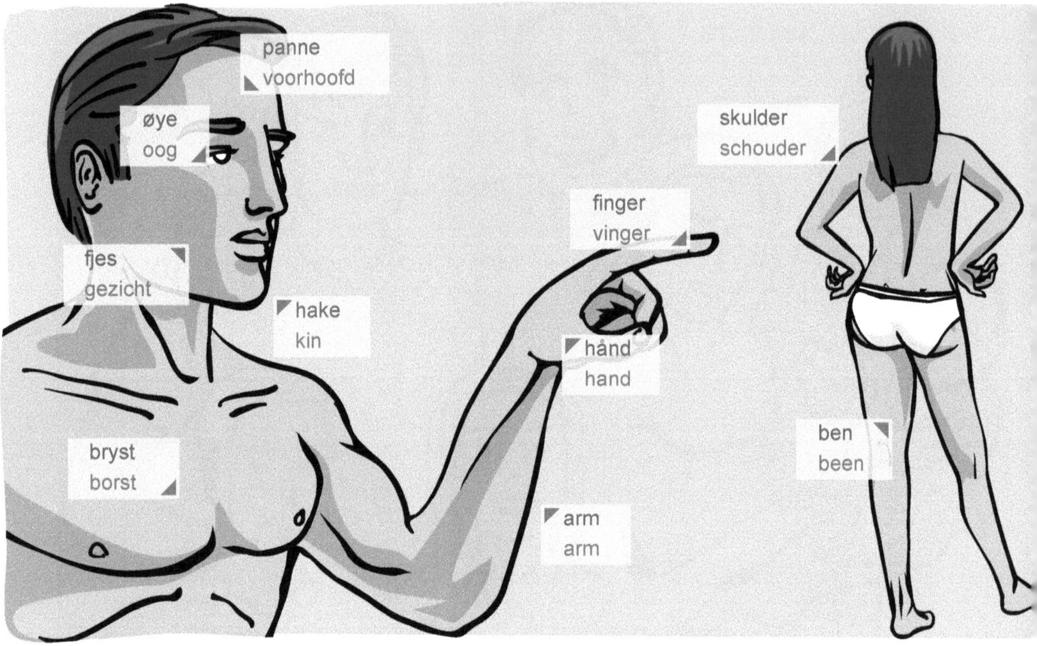

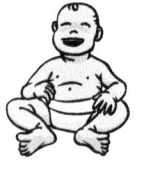

baby
baby

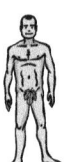

mann
man

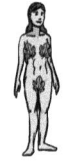

kvinne
vrouw

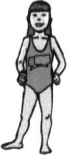

jente
meisje

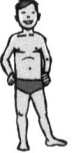

gutt
jongen

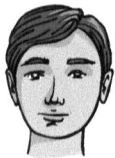

hode
hoofd

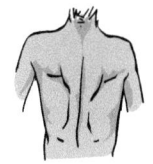

rygg

rug

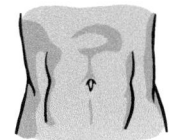

mage

buik

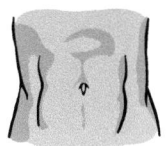

navle

navel

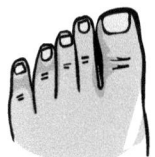

tå

teen

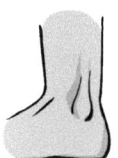

hæl

hiel

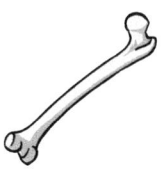

bein

bot

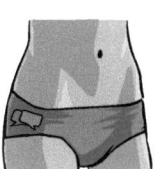

hofte

heup

kne

knie

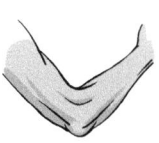

albue

elleboog

nese

neus

rumpe

zitvlak

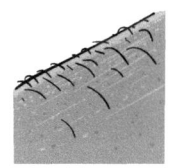

hud

huid

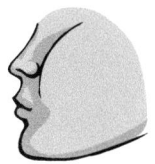

kinn

wang

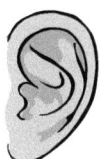

øre

oor

leppe

lip

kropp - lichaam

munn

mond

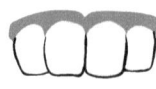

tann

tand

tunge

tong

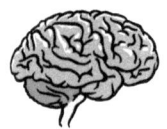

hjerne

hersenen

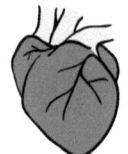

hjerte

hart

muskel

spier

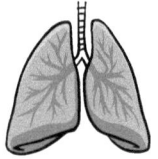

lunge

long

lever

lever

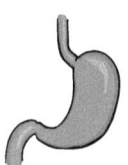

magesekk

maag

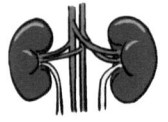

nyrer

nieren

samleie

seks

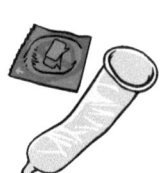

kondom

condoom

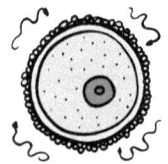

eggcelle

eicel

sæd

sperma

graviditet

zwangerschap

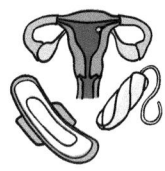

menstruasjon

menstruatie

vagina

vagina

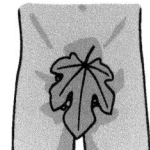

penis

penis

øyenbryn

wenkbrauw

hår

haar

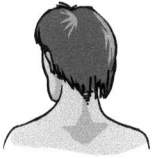

hals

nek

sykehus
ziekenhuis

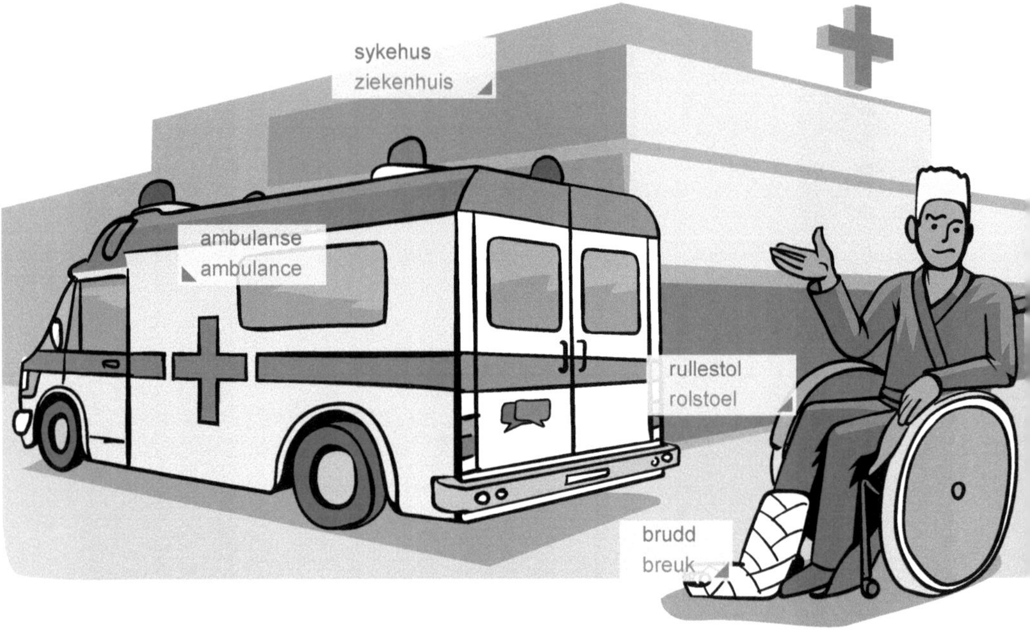

sykehus
ziekenhuis
ambulanse
ambulance
rullestol
rolstoel
brudd
breuk

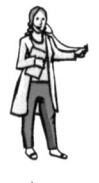

lege
dokter

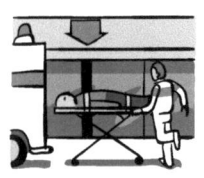

akuttmottak
spoed

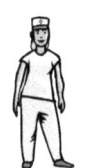

sykepleier
verpleegkundige

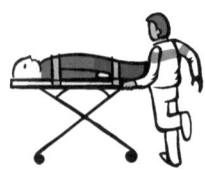

nødsituasjon
noodgeval

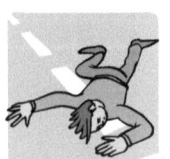

bevisstløs
bewusteloos

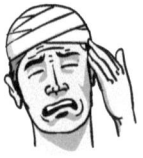

smerte
pijn

skade

verwonding

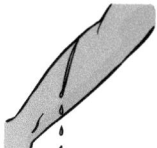

blødning

bloeding

hjerteinfarkt

hartaanval

hjerneslag

beroerte

allergi

allergie

hoste

hoest

feber

koorts

influensa

griep

diaré

diarree

hodepine

hoofdpijn

kreft

kanker

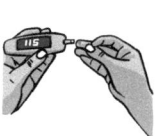

diabetes

diabetes

kirurg

chirurg

skalpell

scalpel

operasjon

operatie

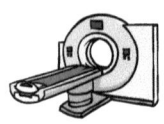

CT

CT

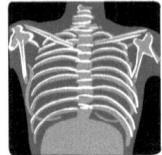

røntgen

röntgenstraal

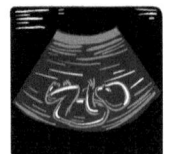

ultralyd

ultrageluid

ansiktsmaske

gezichtsmasker

sykdom

ziekte

venterom

wachtkamer

krykke

kruk

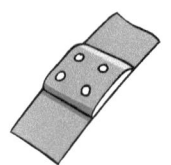

plaster

pleister

bandasje

verband

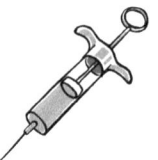

injeksjon

injectie

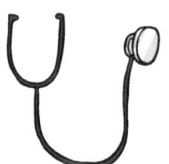

stetoskop

stethoscoop

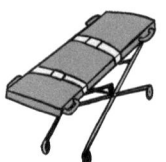

båre

brancard

klinisk termometer

thermometer

fødsel

geboorte

overvekt

overgewicht

høreapparat

hoorapparaat

desinfeksjonsmiddel

ontsmettingsmiddel

infeksjon

infectie

virus

virus

HIV/AIDS

HIV / AIDS

medisin

medicijn

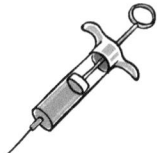

vaksinasjon

vaccinatie

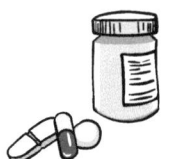

tabletter

tabletten

pille

pil

nødanrop

noodoproep

blodtrykksmåler

bloeddrukmeter

syk / frisk

ziek / gezond

Hjelp!
Help!

alarm
alarm

overfall
overval

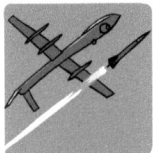

angrep
aanval

fare
gevaar

nødutgang
nooduitgang

Brann!
Brand!

brannslukker
brandblusser

ulykke
ongeval

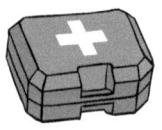

førstehjelpsskrin
EHBO-kit

SOS
SOS

politi
politie

Europa

Europa

Nord-Amerika

Noord-Amerika

Sør-Amerika

Zuid-Amerika

Afrika

Afrika

Asia

Azië

Australia

Australië

Atlanterhavet

Atlantische Oceaan

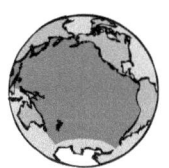

Stillehavet

Stille Oceaan

Det indiske hav

Indische Oceaan

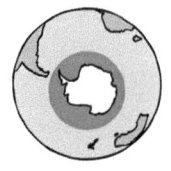

Sørishavet

Antarctische Oceaan

Nordishavet

Arctische Oceaan

Nordpolen

Noordpool

Sydpolen

Zuidpool

Antarktis

Antarctica

jorden

aarde

land

land

sjø

zee

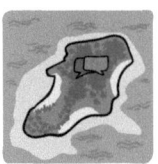

øy

eiland

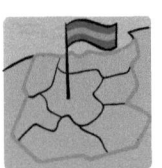

nasjon

natie

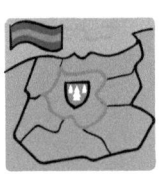

stat

staat

urskive

wijzerplaat

timeviser

uurwijzer

minuttviser

minuutwijzer

sekundviser

secondewijzer

Hva er klokken?

Hoe laat is het?

dag

dag

tid

tijd

nå

nu

digitalklokke

digitale horloge

minutt

minuut

time

uur

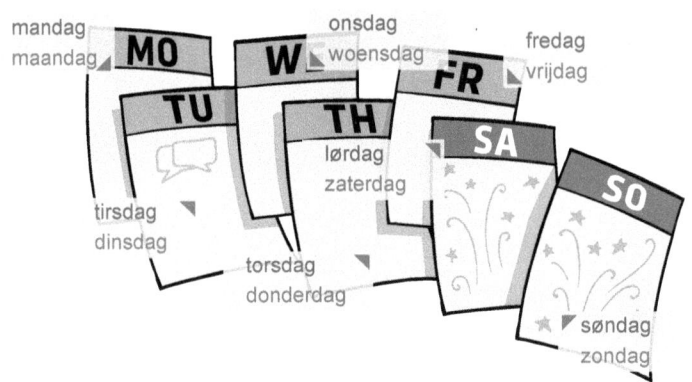

mandag
maandag

onsdag
woensdag

fredag
vrijdag

tirsdag
dinsdag

torsdag
donderdag

lørdag
zaterdag

søndag
zondag

i går

gisteren

i dag

vandaag

i morgen

morgen

morgen

ochtend

middag

middag

kveld

avond

arbeidsdag

werkdagen

helg

weekend

år

jaar

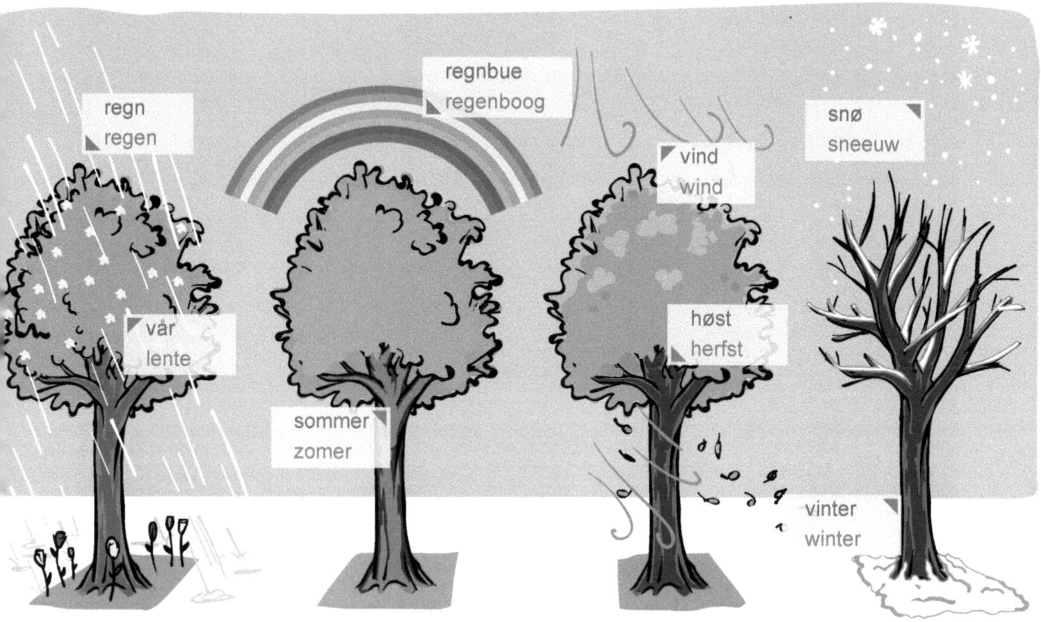

regn
regen
regnbue
regenboog
vind
wind
snø
sneeuw
vår
lente
høst
herfst
sommer
zomer
vinter
winter

4.APRIL 11°
5.APRIL 4°
6.APRIL 13°
7.APRIL 8°
8.APRIL 10°

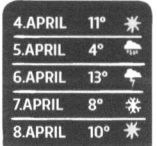

værmelding

weervoorspelling

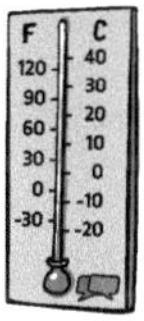

F C
120 40
90 30
60 20
30 10
0 0
-30 -10
-20

termometer

thermometer

solskinn

zonneschijn

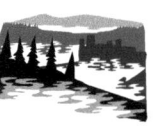

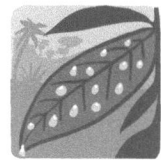

sky

wolk

tåke

mist

luftfuktighet

vochtigheid

lyn

bliksem

torden

donder

storm

storm

hagl

hagel

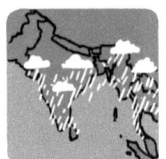

monsun

moesson

oversvømmelse

overstroming

is

ijs

januar

januari

februar

februari

mars

maart

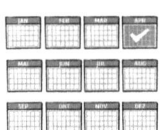

april

april

mai

mei

juni

juni

juli

juli

august

augustus

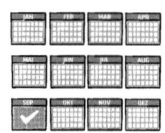

september
....
september

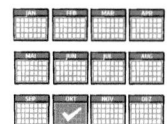

oktober
....
oktober

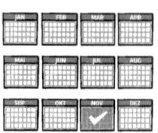

november
....
november

desember
....
december

former
vormen

sirkel
....
cirkel

kvadrat
....
kwadraat

rektangel
....
rechthoek

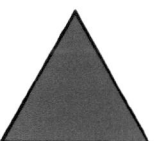

triangel
....
driehoek

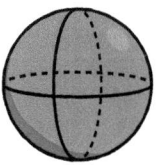

kule
....
bol

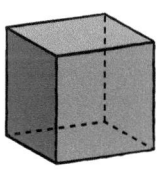

kube
....
kubus

hvit

wit

gul

geel

oransj

oranje

rosa

roze

rød

rood

lilla

paars

blå

blauw

grønn

groen

brun

bruin

grå

grijs

svart

zwart

mye / lite

veel / weinig

sint / rolig

boos / kalm

pen / stygg

mooi / lelijk

start / slutt

begin / einde

stor / liten

groot / klein

lys / mørk

licht / donker

bror / søster

broer / zus

ren / skitten

proper / vuil

fullstendig / ufullstendig

volledig / onvolledig

dag / natt

dag / nacht

død / levende

dood / levend

bred / smal

breed / smal

spiselig / uspiselig

eetbaar / oneetbaar

ond / snill

kwaadaardig / vriendelijk

begeistret / lei

opgewonden / verveeld

tykk / tynn

dik / dun

først / sist

eerst / laatst

venn / fiende

vriend / vijand

full / tom

vol / leeg

hard / myk

hard / zacht

tung / lett

zwaar / licht

sulten / tørst

honger / dorst

syk / frisk

ziek / gezond

ulovlig / lovlig

illegaal / legaal

intelligent / dum

intelligent / dom

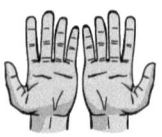

venstre / høyre

links / rechts

nære / langt unna

dichtbij / veraf

motsetninger - tegengestelden

ny / brukt

nieuw / gebruikt

ingenting / noe

niets / iets

gammel / ung

oud / jong

på / av

aan / uit

åpen / stengt

open / dicht

lavt / høyt

stil / luid

rik / fattig

rijk / arm

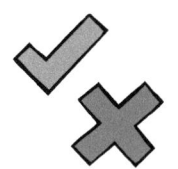

riktig / feil

juist / fout

ru / glatt

ruw / glad

trist / glad

droevig / blij

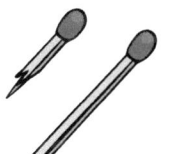

kort / lang

kort / lang

langsom / rask

traag / snel

vått / tørt

nat / droog

varm / lunken

warm / koud

krig / fred

oorlog / vrede

0

null

nul

1

en

één

2

to

twee

3

tre

drie

4

fire

vier

5

fem

vijf

6

seks

zes

7

sju

zeven

8

átte

acht

9

ni

negen

10

ti

tien

11

elleve

elf

12

tolv

twaalf

13

tretten

dertien

14

fjorten

veertien

15

femten

vijftien

16

seksten

zestien

17

sytten

zeventien

18

atten

achtien

19

nitten

negentien

20

tjue

twintig

100

hundre

honderd

1.000

tusen

duizend

1.000.000

million

miljoen

engelsk

Engels

amerikansk engelsk

Amerikaans Engels

mandarin

Chinees (Mandarijn)

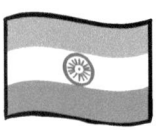

hindi

Hindi

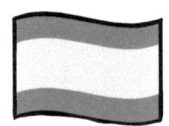

spansk

Spaans

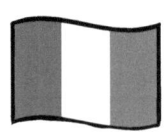

fransk

Frans

arabisk

Arabisch

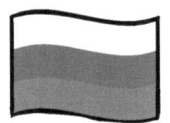

russisk

Russisch

portugisisk

Portugees

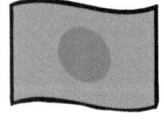

bengali

Bengali

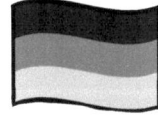

tysk

Duits

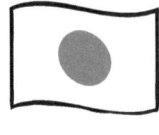

japansk

Japans

jeg

ik

du

u

han / hun / det

hij / zij / het

vi

wij

dere

u

de

ze

hvem?

wie?

hva?

wat?

hvordan?

hoe?

hvor?

waar?

når?

wanneer?

navn

naam

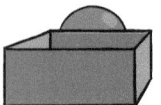

bakom
achter

i
in

foran
voor

over
boven

på
op

under
onder

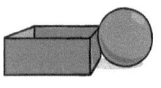

ved siden av
naast

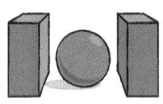

mellom
tussen

sted
plaats